LATINOS FAMOSOS

Roberto Clemente

Héroe del béisbol

Lila y Rick Guzmán

Enslow Elementary

an imprint of

Enslow Publishers, Inc.
40 Industrial Road
Box 398
Berkeley Heights, NJ 07922
USA

http://www.enslow.com

Series Adviser
Bárbara C. Cruz, Ed.D., Series Consultant
Professor, Social Science Education
University of South Florida

Series Literacy Consultant
Allan A. De Fina, Ph.D.
Past President of the New Jersey Reading Association
Professor, Department of Literacy Education
New Jersey City University

This series was designed by Irasema Rivera, an award-winning Latina graphic designer.

Enslow Elementary, an imprint of Enslow Publishers, Inc.
Enslow Elementary® is a registered trademark of Enslow Publishers, Inc.

Spanish edition copyright 2008 by Enslow Publishers, Inc.

Originally published in English under the title *Roberto Clemente: Baseball Hero* © 2006 by Enslow Publishers, Inc.

Spanish edition translated by Lila and Rick Guzmán; edited by Strictly Spanish, LLC.

Library of Congress Cataloging-in-Publication Data

Guzmán, Lila, 1952-
  [Roberto Clemente. Spanish]
  Roberto Clemente : héroe del béisbol / Lila and Rick Guzmán.
    p. cm. — (Latinos famosos)
  Includes bibliographical references and index.
  ISBN-13: 978-0-7660-2675-9
  ISBN-10: 0-7660-2675-2
  1. Clemente, Roberto, 1934–1972—Juvenile literature. 2. Baseball players—Puerto Rico—Biography—Juvenile literature. I. Guzmán, Rick. II. Title.
  GV865.C45G8918 2008
  796.357092—dc22
  [B]   2006030457

To Our Readers: We have done our best to make sure all Internet Addresses in this book were active and appropriate when we went to press. However, the author and the publisher have no control over and assume no liability for the material available on those Internet sites or on other Web sites they may link to. Any comments or suggestions can be sent by e-mail to comments@enslow.com or to the address on the back cover.

Every effort has been made to locate all copyright holders of material used in this book. If any errors or omissions have occurred, corrections will be made in future editions of this book.

A nuestros lectores: Hemos hecho lo posible para asegurar que todos los sitios de Internet que aparecen en este libro estuvieran activos y fueran apropiados en el momento de impresión. Sin embargo, el autor y el editor no tienen control sobre, ni asumen responsabilidad por, los materiales disponibles en esos sitios de Internet o en otros de la Web a los cuales se conectan. Todos los comentarios o sugerencias pueden ser enviados por correo electrónico a comments@enslow.com o a la dirección que aparece en la cubierta trasera.

Se ha hecho todo el esfuerzo posible para localizar a quienes tienen los derechos de autor de todos los materiales utilizados en este libro. Si existieran errores u omisiones, se harán correcciones en futuras ediciones de este libro.

Photo Credits/Créditos fotográficos: © 2005 Jupiterimages, p. 9; AP/Wide World, pp. 11, 12, 14, 16, 17, 19, 20, 22 (right/derecha), 23, 26, 27, 28; Carnegie Library of Pittsburgh, p. 22 (left/izquierda); Geoatlas © 2000 GraphiOgre, p. 6; Library of Congress, p. 7; MLB Photos via Getty Images, pp. 4, 18, 24; National Baseball Hall of Fame Library, Cooperstown, NY, p. 8; US Postal Service, p. 13.

Cover Credit/Crédito de la cubierta: AP/Wide World.

✳ Contenido ✳

1 **La vida en Puerto Rico**. 5

2 **¡Arriba! ¡Adelante!**. 10

3 **Roberto ayuda a los Piratas**. 15

4 **La Serie Mundial de 1971** 21

5 **El terremoto**. 25

Línea del tiempo. 29

Palabras a conocer 30

**Más para aprender
(Libros y Direcciones
de Internet)** 31

Índice. 32

Roberto Clemente

1

La vida en Puerto Rico

Un día, un niño caminaba al lado de un estadio de béisbol. De repente, una pelota voló fuera del estadio y cayó a sus pies. El niño la recogió y se la llevó a casa. De allí en adelante, dormía con la pelota debajo de su almohada. Ese niño era Roberto Clemente. Él crecería hasta llegar a ser un famoso jugador de béisbol, y el primer latino en el Salón de la Fama del Béisbol. "Nací para jugar béisbol", dijo una vez.

Roberto Clemente nació el 18 de agosto de 1934, en Carolina, Puerto Rico. Su padre era Melchor Clemente, y su madre Luisa Walker.

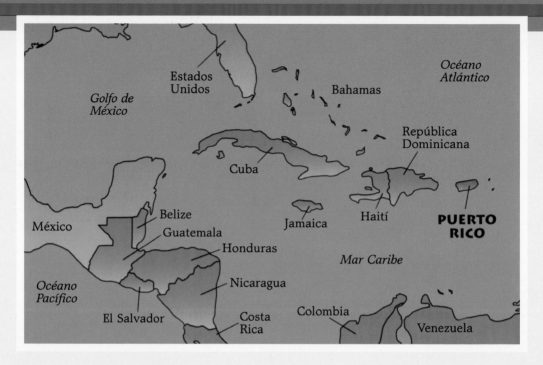

Estados Unidos

Golfo de México

Océano Atlántico

Bahamas

República Dominicana

Cuba

Belize

México

Guatemala

Honduras

Jamaica

Haití

PUERTO RICO

Mar Caribe

Océano Pacífico

Nicaragua

El Salvador

Costa Rica

Colombia

Venezuela

Roberto nació en la isla de Puerto Rico.

Roberto era el menor de ocho hijos. Su padre trabajaba en una finca de caña de azúcar. El azúcar se saca de las plantas de caña de azúcar. Su madre se ocupaba de cuidar a sus hijos. Ella también ganaba dinero para la familia cosiendo, cocinando y vendiendo comida. En el hogar de los Clemente todos hablaban español. El español es el idioma principal de Puerto Rico.

En la escuela, Roberto era tímido y respetuoso. Su madre tenía la esperanza de que él fuera a la universidad. Pero Roberto sólo soñaba con ser jugador de béisbol. Él usaba ramas o palos de escoba como bates. Se pasaba horas dándole a las latas de sopa y las piedras. De niño, Roberto no tenía dinero para comprar bates y pelotas.

Cuando Roberto tenía 14 años, empezó a jugar en el equipo de béisbol de la compañía de arroz el Sello Rojo. Tres años más tarde, los Cangrejeros de Santurce le pidieron a Roberto que jugara para ellos. Los Cangrejeros eran el mejor equipo de Puerto Rico.

En 1954, un hombre fue a Puerto Rico en busca de

Roberto y su familia vivieron en una choza como ésta.

Roberto en su uniforme de los Cangrejeros.

nuevos jugadores. Era un cazatalentos de los Dodgers de Brooklyn, un equipo de la Ciudad de Nueva York. Él vio a Roberto mientras jugaba. ¡Batazo! Roberto mandó la pelota por encima de la cerca. ¡Rapidísimo! Así corría por todas las bases. ¡Con fuerza! El poderoso brazo de Roberto lanzó la pelota al otro lado del campo.

Roberto firmó un contrato con los Dodgers. Para empezar, lo enviaron a Canadá a jugar con los Royals de Montreal, su equipo de la liga menor. Los equipos de las ligas menores preparan a los jugadores para las ligas mayores.

Un cazatalentos de los Piratas de Pittsburgh fue a Canadá y vio a Roberto practicando. El sorteo de peloteros estaba cerca. Es en ese momento que los equipos escogen a sus nuevos jugadores. Los Piratas de Pittsburgh eran el peor equipo de la Liga Nacional. Estaban en último lugar, así que les dieron el derecho a ser los primeros en escoger durante el sorteo.

Ellos escogieron a Roberto.

2

¡Arriba!
¡Adelante!

El 17 de abril de 1955, Roberto jugó su primer partido con los Piratas de Pittsburgh. Cuando no jugaba béisbol, Roberto muchas veces se sentía solo en Pittsburgh. Extrañaba la comida puertorriqueña, tal como los plátanos fritos (un tipo de banano), el arroz, los frijoles, y el bistec. Echaba de menos el clima caluroso de Puerto Rico. También extrañaba el español. Él no hablaba muy bien inglés.

Como muchos puertorriqueños, Roberto tenía la piel oscura. Pronto descubrió que en los Estados Unidos de la década de los 1950, la gente de piel oscura no era tratada muy bien.

Roberto se unió a los Piratas de Pittsburgh.

Roberto se sorprendió al ver rótulos que separaban a la gente según el color de su piel.

En aquellos tiempos, había restaurantes y hoteles separados para los blancos y los negros. Era un problema cuando los Piratas viajaban a jugar en estadios en otras ciudades. En muchos lugares, sobre todo en el Sur, no atendían a los negros. Roberto y otros tenían que esperar en el autobús del equipo mientras los jugadores blancos iban adentro a comer y a dormir.

Roberto se enojó. Él dijo que no estaba bien tratar a la gente de manera diferente por causa del color de su piel. "No creo en color; creo en la gente", decía él. En ese entonces, era raro que una estrella del deporte hablara de esa manera. A algunos no les gustó.

Los periodistas se burlaban de Roberto porque no hablaba bien inglés. También escribieron que se quejaba demasiado. Los días en que Roberto decía que estaba lesionado y que no podía jugar lo llamaban perezoso.

Sin embargo, los problemas de Roberto eran de verdad. A veces sufría de un dolor terrible. Se había lastimado la espalda en un accidente de automóvil. También se lastimó el codo y el cuello jugando béisbol.

De 1955 a 1960, Roberto trabajó muy duro para llegar a ser un mejor jugador. Era muy popular con los aficionados. A veces firmaba autógrafos durante tres horas después de un partido. Sus aficionados se dieron cuenta que a él le encantaba el béisbol y que siempre daba su mejor esfuerzo. Cuando le tocaba batear gritaban: "¡Arriba! ¡Adelante!"

Con la ayuda de Roberto, los Piratas se convirtieron en un mejor equipo. Para 1960 ya iban en camino a su primer Serie Mundial en treinta y cinco años. El futuro parecía brillante tanto para Roberto como para los Piratas.

A Roberto siempre le encantaba hablar con sus aficionados.

3

Roberto ayuda a los Piratas

En la Serie Mundial de 1960, los Piratas se enfrentaban a los Yankees de Nueva York. Los Piratas no habían ganado la Serie Mundial desde 1925. Los Yankees la habían ganado ocho veces. Todos pensaban que los Yankees ganarían.

Un equipo debe ganar cuatro partidos para ganar la serie. Después de seis partidos, los Yankees y los Piratas tenían tres victorias cada uno. Eso hizo que el siguiente partido fuera muy emocionante. En la novena entrada, el marcador era 9–9. A última hora y con un jonrón fantástico, los Piratas ganaron el partido. ¡Eran los campeones de la Serie Mundial!

Los aficionados se enloquecieron y corrieron al campo. Roberto estaba muy feliz. Había jugado muy bien en todos los siete partidos. Él impulsó tres carreras y no cometió ningún error en el campo.

Cada invierno, al final de la temporada regular de béisbol, Roberto volvía a su casa en Puerto Rico. Allí jugaba béisbol en la Liga Invernal. Un día, Roberto estaba haciendo unas compras en una farmacia en Carolina, Puerto Rico. Él vio a una joven llamada Vera Cristina Zabala. Los dos empezaron a verse y un año después, el 14 de noviembre de 1964, se casaron. A lo largo de los años tuvieron tres hijos: Roberto, Luis y Enrique.

Para Roberto, lo más

Roberto y Vera en el día de su boda.

importante en la vida era la familia, los niños, y el béisbol. Jugando béisbol él ganó mucho dinero, y era muy generoso con él. Compró una casa nueva para sus padres. Les daba dinero a los niños pobres y a menudo visitaba a los niños en los hospitales. En Puerto Rico, les enseñó a muchos jóvenes a jugar béisbol.

Un retrato de la familia: Roberto con sus padres, su esposa, y sus hijos.

A la gente le encantaba ver a Roberto jugar béisbol. Era bueno para todo. Sabía batear, correr, atrapar la pelota y tirarla.

Como jardinero derecho hizo muchas atrapadas asombrosas. A veces, se lanzaba al césped. Otras veces, saltaba al aire de manera espectacular. Una vez, vio que la pelota venía hacia él. Se volteó y corrió a atraparla. ¡Ay! Se golpeó contra una pared. Hubo silencio en el estadio. Entonces, Roberto levantó su brazo. Había atrapado la pelota. El público lo aclamó. Una ambulancia lo llevó al hospital, donde le cosieron unos puntos en la barbilla.

Roberto era famoso por la forma en que lanzaba la pelota. La disparaba a través del campo. Por ser un gran defensor se lo nombró jardinero Guante de Oro todos los años que jugó.

El poderoso brazo de Roberto hacía volar la pelota hasta el otro lado del campo.

El Guante de Oro es un premio que reconoce a los mejores jugadores defensivos de la Liga Nacional y la Liga Americana. Desde 1961 a 1972, Roberto recibió el Guante de Oro doce veces. Roberto también era un buen bateador. Y después de darle a la pelota, corría a la primera base como relámpago.

Roberto era un gran jardinero derecho. "Trato de atrapar todo lo que esté dentro del campo de juego", dijo él.

Roberto también ganó muchos otros premios y honores. En 1966, fue nombrado el Jugador Más Valioso. Fue el primer puertorriqueño en ganar ese premio. Para Roberto, era el mayor honor que un jugador podría recibir. El mismo año fue nombrado Jugador del Año de la Liga Nacional.

En 1971, los Piratas de nuevo llegaron a la Serie Mundial. Roberto estaba listo para la emocionante ocasión.

Roberto dijo una vez que quería "que lo recordaran como un pelotero que dio todo lo que podía dar".

4

La Serie Mundial de 1971

En la Serie Mundial de 1971, los Piratas de Pittsburgh jugaban contra los Orioles de Baltimore. Todos creían que los Orioles iban a ganar. Más de 60 millones de personas vieron los partidos por televisión. Roberto jugaba mejor que nunca. Estaba bateando .414. Esto era asombroso porque los lanzadores de los Orioles eran impresionantes, y muchos bateadores no lograban imparables (en inglés hits). Roberto bateó veintinueve veces y tuvo doce imparables. Todos fueron imparables. Tuvo dos jonrones y cuatro carreras impulsadas. En el sexto

"Esta Serie Mundial es la cosa más grande que me ha pasado en el béisbol", dijo Roberto en 1971.

partido hizo un tiro importante que evitó que anotara un corredor que estaba en la tercera base. Roberto fue la estrella de la Serie Mundial. Fue nombrado el Jugador Más Valioso.

Al finalizar la Serie Mundial, era obvio que Roberto era uno de los mejores jugadores de béisbol de todos los tiempos. La gente lo llamaba "El Grande".

Roberto tenía otra meta. Quería llegar a tener 3,000 imparables. Al 30 de septiembre de 1972 Roberto tenía 2,999 imparables. Solo necesitaba uno más. Levantó el bate y miró al lanzador. Todos en el estadio esperaban. ¿Lograría Roberto el imparable? ¡Sí! Los aficionados se volvieron locos. Hasta el momento, sólo diez hombres en la historia del béisbol

Roberto logra su imparable número 3,000.

Los 17 años de Roberto en las Mayores:	
Imparables	3,000
Carreras impulsadas	1,305
Porcentaje de bateo	.317
Partidos jugados	2,433
Carreras anotadas	1,416
Dobles	440
Triples	166
Jonrones	240

habían alcanzado los 3,000 imparables. Ahora
Roberto sería el décimo primero.

Roberto tenía diecisiete años de jugar béisbol en
las grandes ligas: de 1955 a 1972. Había jugado para
un solo equipo: los Piratas de Pittsburgh. Al finalizar
la temporada de béisbol de 1972, Roberto gozaba de
un récord asombroso.

5

El terremoto

El 23 de diciembre de 1972, un terremoto sacudió a Nicaragua, un país de Centroamérica. La capital fue destruida. Miles de personas murieron. Miles perdieron sus hogares.

Roberto estaba en su casa en Puerto Rico cuando escuchó la noticia. Él quería ayudar. Fue de casa en casa pidiendo dinero y alimentos para las víctimas del terremoto. Al finalizar la semana, tenía suficiente para llenar un avión. Había recogido $150,000 y veintiséis toneladas de alimentos, ropa, y medicinas.

El 31 de diciembre de 1972, la Víspera del Año Nuevo, Roberto estaba listo para volar a Nicaragua. El avión despegó, llevando a Roberto y a otros cuatro, junto con todas las provisiones que habían recogido.

Roberto quería ayudar al pueblo de Nicaragua.

De repente, un motor se paró. Había un incendio en el motor.

El piloto decidió volver al aeropuerto. Pero era demasiado tarde. Hubo una fuerte explosión. Cuando el avión tomó hacia la izquierda, cayó al mar. Estaba a tan solo media milla de Puerto Rico. Todos en el avión murieron.

Buceadores de las profundidades buscaron bajo el agua a los que estaban en el avión. Nunca hallaron a Roberto. Su trágica muerte dejó pasmados a los aficionados en todo el mundo. Los puertorriqueños se pusieron muy tristes. Colgaron cintas negras en sus puertas.

Roberto Clemente tenía apenas treinta y ocho años de edad cuando murió. Sus hijos tenían siete, cinco, y cuatro años de edad.

Generalmente, un jugador de béisbol tiene que esperar cinco años luego de su último partido para que lo elijan al Salón de la Fama del Béisbol. Las autoridades del béisbol cambiaron las reglas para Roberto. Él se convirtió en miembro del Salón de la Fama del Béisbol el 20 de marzo de 1973.

Esta estatua de Roberto Clemente fue originalmente ubicada en el estadio Three Rivers de Pittsburgh. Hoy se encuentra en el nuevo estadio PNC Park.

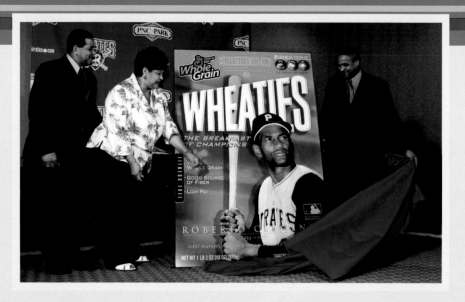

Luis, el hijo de Roberto, a la izquierda, su viuda Vera, y su hijo Roberto, descubren una caja gigante de cereal que honra a Roberto. En septiembre de cada año, en el Día de Roberto Clemente, los clubes de béisbol recogen dinero para ayudar a los necesitados, y el Premio Roberto Clemente se da a un jugador de béisbol que trabaja por ayudar a otros.

Muchos aficionados latinos todavía dicen: "Me hace falta Roberto Clemente". Muchos aficionados que hablan inglés están de acuerdo: "*I miss Roberto Clemente*".

Hoy, todos recuerdan a Roberto Clemente como un gran atleta que se preocupaba por los demás. Muchos creen que él fue el mejor jardinero derecho que jamás jugó béisbol. También es famoso por su gran corazón, porque siempre estaba tratando de ayudar a otros.

✳ Línea del tiempo ✳

1934 Nació el 18 de agosto en Carolina, Puerto Rico.

1954 Un cazatalentos le pide a Roberto que juegue para los Dodgers de Brooklyn.

1955 Los Piratas de Pittsburgh seleccionan a Roberto en el sorteo de los peloteros.

1960 Los Piratas ganan la Serie Mundial por primera vez en treinta y cinco años.

1961 Roberto gana el primero de doce Guantes de Oro.

1964 Se casa con Vera Zabala el 14 de noviembre.

1966 Es elegido el Jugador Más Valioso del Año.

1972 Consigue su imparable número 3,000.

1972 Muere el 31 de diciembre en un accidente de avión cerca de San Juan, Puerto Rico.

1973 Es el primer latino elegido al Salón de la Fama del Béisbol.

❋ Palabras a conocer ❋

carreras impulsadas—Después de poner una pelota en juego, el bateador recibe una carrera impulsada por cada corredor que anota cruzando el plato.

los cazatalentos—Personas que buscan a nuevos jugadores para un equipo.

el equipo de la liga menor—Un equipo que prepara a los nuevos jugadores para las ligas mayores.

la Liga Nacional y la Liga Americana—Las dos ligas de béisbol profesional de los Estados Unidos.

el Premio al Jugador Más Valioso—Un premio que honra al jugador que más contribuyó al éxito del equipo. Es otorgado por la Asociación de Escritores de Béisbol de los Estados Unidos.

el Salón de la Fama del Béisbol—Un museo de historia del béisbol. Se encuentra en Cooperstown, New York.

el sorteo del béisbol—La manera en que los equipos escogen a nuevos jugadores.

❋ Más para aprender ❋

Libros

In English / En inglés

Healy, Nick. Roberto *Clemente: Baseball Legend*. Mankato, Minn.: Capstone Press, 2006.

Winter, Jonah. Roberto *Clemente: Pride of the Pittsburgh Pirates*. New York: Atheneum Books for Young Readers, 2005.

In Spanish / En español

Lloyd, Bryant. *Béisbol—el campo y el equipo*. Vero Beach, Fla.: Rourke Pub., 2002.

Olmstead, Mary. *Roberto Clemente*. Raintree, 2005.

Direcciones de Internet

In English and Spanish / En inglés y español

Ciudad Deportiva: Roberto Clemente
   <http:www.rcsc21.com>

In English / En inglés

Pittsburgh Pirates
   <http://pittsburgh.pirates.mlb.com>

✳ Índice ✳

C
Cangrejeros (Crabbers), 7, 8
caña de azúcar, 6
Clemente, Enrique (hijo), 16, 27
Clemente, Luis (hijo), 16, 27, 28
Clemente, Melchor (padre), 5, 6
Clemente, Roberto
    accidente de avión, 25–26
    béisbol de la liga menor, 9
    béisbol en Puerto Rico, 5, 7, 9
    boda, 16
    educación, 6
    estadísticas de béisbol, 23–24
    generosidad, 16–17, 25, 28
    niñez, 5–7
    premios y honores, 18–19, 22, 27, 28
Clemente, Roberto (hijo), 16, 27, 28

D
discriminación, 10, 12–13
Dodgers de Brooklyn, 9

G
Guante de Oro, 18–19

J
Jugador del Año de la Liga Nacional, 19
Jugador Más Valioso, 19, 22, 30

L
Liga Americana, 19, 30

Liga Invernal, 16
Liga Nacional, 9, 19, 30

N
Nicaragua, terremoto, 25, 26

O
Orioles de Baltimore, 21

P
Pittsburgh, Piratas, 9, 10, 11–16, 19–24
Puerto Rico, 5-7, 10, 16–17, 19, 25–26

R
Royals de Montreal, 9

S
Salón de la Fama del Béisbol, 5, 27, 30
Sello Rojo (compañía de arroz), 7
Serie Mundial,
    de 1960: 13, 15–16
    de 1971: 19, 21–22
sorteo del béisbol, 9, 30

W
Walker, Luisa (madre), 5, 6

Y
Yankees de Nueva York, 15

Z
Zabala, Vera Cristina (esposa), 16, 28